JN410510

슬픔은 귀가 없다

노미영 시집

시인동네 시인선 047

노미영 시집

슬픔은 귀가 없다

시인동네

시인의 말

가장 헐벗었을 때 시가 온다.
여기가 바닥이구나 아뜩할 때 시가 온다.
어두운 것들끼리는 서로를 알아본다.
어두운 것들에게 나의 시가
위안이 되었으면 좋겠다.

2016년 1월
노미영

슬픔은 귀가 없다

시인의 말

차례

제1부

제2부

제3부

제1부

레시피

바날라 시럽을 넣으면 그래도 슬픔이 좀 말개질 줄 알았다. 세상에서 가장 달달한 슬픔을 조제하려면 기계의 힘을 빌려야 한다니. 에스프레소 머신으로 슬픔을 추출하자, 스카프를 휘두른 듯 데워진 우유의 훈김이 주방에 난 창문께를 간질인다. 빠져나가야 할 서러움에게 틈을 내주며 우유는 정제된 슬픔과 한 몸이 된다. 뜻밖에도 슬픔은 끓인 우유와 잘 어울리고, 카라멜 소스와 바닐라 시럽의 비율을 생각하다가 나는 문득 희로애락(喜怒哀樂)의 보잘것없는 간극을 떠올려본다. 따개비처럼 에스프레소 머신 바닥에 들러붙어 있는 슬픔이여. 나여. 커피로밖에 위로받지 못해서, 오늘도 가장 아끼는 머그잔을 집어든다. 달달함이 저들을 구원해주리라. 카페인이 애통해하는 자를 천상으로 이끌리라. 카라멜 소스로 밑그림을 그려보는 풍경—하트 말고 나뭇잎이 좋은 풍경. 슬픔에게 혀가 있다면, 카라멜 마끼아또를 권하겠다.

네 번째 슬픔

슬픔에도 종류가 있다면
나는 그걸 네 번째 슬픔이라 부르겠다.
꿈 너머의 나에게나 털어놓을 수 있는 슬픔.

슬픔은 좀처럼 수납되지 않는다.
기억은 자신을 거침없이 복제하기만 할 뿐
혈관종 같은 악몽은 새벽의 무릎을 관습처럼 후벼 판다.
삶이 정지되어야 이 악몽도 끝이 날 것이다.

삼십오 년도 더 된 핑크 토끼 인형에게는 영혼이 있다.
나는 그녀에게 이를테면,
일백구십칠 번쯤 주말마다 찾아왔던 두통이나
더 이상 링거 바늘을 꽂을 데가 없는 아이의 왼쪽 팔뚝에 대해서 들려준다.
내가 맛본 슬픔들은 각설탕처럼 뾰족했다고 거들먹거린다.

짝사랑을 고백하고 싶어 신경증 환자처럼 행세했고
사랑이라던 강박증에 손목이 녹아내려

단 한 줄도 쓰지 못하고 시간을 견뎌야 했다.
햇살이 필요했고 목이 말랐으며
나를 망가뜨린 아비를 용서할 수 있게 해달라고 묵주 알을 굴렸다.

저기 저 하늘에는 낡은 음악들만 몇 장 걸려 있다.

나의 딸도 똑같이 물을 것이다.
나를 왜 낳았느냐고.

네 번째 슬픔은 바로 그런 것이다.

나는 열대야 같은 슬픔을 가졌다.

처럼

치워도 치워도 다시 널브러지는 블록 조각들처럼
회오리바람에 솟구치는 맨홀 뚜껑처럼
한번 늘어나면 복원이 힘든 인대처럼

완강한 불행

슬픔이라는 다면체는 목공용 풀로 조립했는데도
모서리 한 켠 떨어져 나가지 않고 천장에 매달려 있다

고스란히 불행은 내 존함이 되었다

해바라기보다 더 환해야
고사리 포자보다 더 가벼워야
선명하게 단단해질 수 있다

슬픔이라는 그늘에
그늘막을 치고
쪼그려 앉아 보니

비릿하다

접다 만 색종이처럼
시계탑에 갇혔다

슬픔은 귀가 없다

슬픔은 귀가 없다
귀가 없어 울음은 짧지만 다짜고짜 들이덤벼
주위엔 아무도 얼씬하지 않는다
이 고독은 징징거리는 아우성이다 아가의 발버둥이다
후려치면 손가락 마디에 피멍이 들고
아침에 일어나면 손가락 관절이 뻣뻣하다
만성 염증이라 항생제에서 빠져나올 수 없고
여름엔 가려워서 긁다가 딱지가 앉는다

없는 귀를 만들어 달아도 고독은 완강하다
번역이 안 되는 문장들이 발뒤꿈치를 잡는다
깃털 같은 청세포들이 귓바퀴로 돌아나가서
슬픔은 오늘도 귀를 잡고 토끼뜀을 뛴다

낼 수 있는 소리는 콧소리뿐이라
사물은 콧김으로 익히고 단맛으로 고독을 달랜다
자신을 몰라주면 슬픔은 장난감 트럭을 집어던지고
마룻바닥이 패일 때마다 엉덩이를 한 대 맞은 다음

캐러멜을 하나 얻어먹고 나서야 잠깐 조용해진다
귀가 없으니 자꾸 이빨만 썩는다
그 고독을 달래려면 사탕수수 줄기밖에 길이 없다
도넛 같은 고독에 갇혀 그는 파란 색연필로 동그라미만 자꾸 그린다

슬픔은 그렇게 완벽한 구(球)다
햇살이 통과하지 않는 입체를 굴리며 그는 해시시 웃는다
가장 좋아하는 놀이는 공놀이,
혼자서도 신나게 가지고 놀 수 있기 때문이다
그래도 웃음만은 어째 길어 햇살, 햇살, 낭랑하게 웃는다

귀가 하나뿐인 짐승은 없어
슬픔은 늘 두 배로 흘러넘치고
식구들이 둘러앉는 식탁에는
미역 줄기 시금치 잎사귀 눌어붙어
나머지 귀가 자라기를 하얗게 염원하고 있다

빗방울 행진곡

슬픔이 스타카토로 튀어오른다
민트색 슬픔이 찰랑거리는 아침,
지상에서 가장 무거운 것들이 이렇게 후다닥거리는

타악기로 시작된 슬픔이
귀뚜라미의 더듬이처럼 길어질 줄은 몰랐다

변주곡 같은 행진곡 앞에서
악기들은 행방이 묘연한 지휘자를 찾는다
손수건을 꺼내
버스 타이어가 뿌리고 간 진창도 훔쳐내지만
질척거리는 생(生)은 영 닦이지 않아서

누가 연주하는 악기들인가
음계도 알아볼 수 없는 피사체들이
눈동자를 납땜하는 풍경

악다구니가 빚어내는

악보의 맨 마지막 악장까지
배수구는 없다

무늬

사람이 사람을 할퀼 때 나는 소리는 침묵이다. 침묵에도 결이 있으니. 사방연속 문양 침묵은 말의 입자까지 살라내는 모래주머니. 약속도 떨림도 산화시키는 침묵의 온도를 아는가. 침묵의 비등점에서 내가 만난 것은 달디단 환멸. 사랑은 가끔 발음을 해주어야 샛별이 된다. 빗꽃살 침묵으로는 싯푸른 강물을 건널 수 없었는가. 내가 꿈꾸던 식물은 귀울음처럼 모래톱에 없다.

지상에서 가장 뜨거운 음악은 침묵이다. 당신의 음표를 시창(視唱)하지 못했던 근육들은 전류가 스며들어야 말랑해졌으니. 인동당초문 침묵을 만들자. 잇꽃으로 물을 들이자. 가붓한 하늘에 당신의 불경(不敬)한 노래도 내걸면, 매미가 날개를 비비댈 시간은 오는가. 침묵의 배꼽은 어느 소행성과 맞닿아 있나. 나는 그 별의 이름을 묻고 싶다.

수소문

별똥별 비가 데려간 내 아이의 달팽이관을 찾습니다

검은 물이 뜯어간 내 아이의 머리카락을 찾습니다

눈사람이 집어간 내 아이의 대뇌동맥을 찾습니다

달무리가 움켜 간 내 아이의 망막시세포를 찾습니다

물안개가 거둬간 내 아이의 청각 유모세포를 찾습니다

너울이 낚아채 간 내 아이의 새끼손가락 마디를 찾습니다

높은 물이 휘젓고 간 내 아이의 척수를 찾습니다

성난 물이 가로채 간 내 아이의 치아를 찾습니다

강여울이 후벼 간 내 아이의 측두엽을 찾습니다

비이

빗소리를 들을 때
소리에서 향기가 났으면 좋겠다

비이 하고 길게 발음하면
가늘은 꽃향기가 나풀거렸으면 좋겠다

들리지 않아서
아이는 빗소리를 만진다
파란색 사인펜으로 장딴지에 빗줄기를 그린다

비이. 비이. 비.
슬픔이 뭉텅이로 옷장에서 쏟아져 내린다

슬픔은 무중력상태이기에
그 길을 유영하다 지상으로 돌아오면
문득 꼬리뼈 끝까지 아프다

앉아 있을 수도 누워 있을 수도 없는 이 새벽,

부디 빗소리가 나를 구원해주었으면 좋겠다
더 이상 가닿을 데 없는 이 새벽에
쌕쌕거리는 내 흉통을 아이가 들을 수 있었으면 좋겠다

슬픔이 들린다
고막이 찢겨 나가는 슬픔이
사거리의 고장 난 신호등처럼 번들거린다

빗소리를 듣는다
소독용 에탄올처럼 슬픔이 표백된다

비이, 라고 말해주렴
엄마는 옥수숫대처럼 웃고 싶다

물의 가족

물려줄 수 있는 게 슬픔밖에 없어서
어미는 매일 슬픔을 꺼내 뒤란에 말린다
햇살이라도 만나면 졸아들까 쨍쨍 널어보지만
맨드라미처럼 텁수룩해지기만 하는 슬픔
눈물을 끼니 삼아 아이들은 포도넝쿨처럼 큰다

나무기린을 타고 웃음소리가 보이는 나라에 가고 싶어요
까르르 웃으면 심장은 몇 도까지 올라갈까요
엄마는 무조건 내가 죽는 날까지 살아 있어야 해요

반딧불이가 찾던 것은 뜨거운 희망이었을까
온기가 남아 있는 희망이라도 만져보고 싶어
아이들은 발 돋우어 첫새벽을 동동거린다
여름이 뜨거운 것은 어스레한 슬픔에게
눈물을 들키고 싶지 않은 까닭이다

햇살에 무슨 성분을 첨가해야 슬픔은 짧아질까
나풀거리는 슬픔에게 코스모스 꽃잎 반지라도 끼워주자

춤을 추면 너는 좀 더 보송보송해지겠니
어미는 너를 음표들이 뚝뚝 듣는 나라로 데려가야겠다
새끼들의 내력은 밤바다의 어금니가 베어가 버리게

달무리처럼 아이들은 코를 곤다
여치마저 잠이 들어버린 어귀,
남매의 덧난 영혼을 기우며
어미는 마음의 서까래를 여민다

뼈인두를 달구다

영혼을 납땜하려면 침묵이 필요하다
바람 한 점 불지 않는 고요 앞에서
입술을 깨물며 슬픔의 뚜껑을 열어
더께더께한 피떡을 제거하고
쭈글쭈글해진 영혼을 인두로 다려야 한다

영혼에도 주름이 패일 수 있다는 것을 일러준 상처들은
노을의 후예인가 섬에서 목도한 황혼의 온도는
겨울 철새들만이 알리 온몸으로 영혼이 햇살을 경배할 때
금이 간 영혼에도 새살은 돋을까

흉터가 홍건한 기억들이 사는 방에 햇살을 부어다오
울분으로 얼룩진 기억의 선로에 다시 기차를 놓아주고 싶다
슬픔은 부디 잘게잘게 딱정벌레들이 가져가고
울어도 괜찮다는 신호등 앞에서는 머뭇거리지 말자
폐기관차가 영혼을 살해하지 않도록
인두마저 강탈하지 않도록
쪼그리고 있는 영혼의 새끼손가락을 꼬옥 잡아주자

숨이 죽은 영혼에게는 용기가 필요하다
너를 풀어 젖힐 수 있는 빗장은 네 안에 있기에

사시나무 숲

말〔言〕을 앗아간 자는 누구인가

이파리들은 실어증에 걸려 나부껴
초록, 초록, 물씬한 홀씨를 퍼뜨려

싱그럽게 난만(爛漫)한 침묵

나무는 바람의 지문(指紋)을 빌려 무엇을 전하고 싶은가

저 선명한 침묵의 배경에 기대
울컥하고 부활하는 악몽들

너무 많은 말을 삼켜버리기만 해서
나무는 복수(腹水)가 차올라

세계는 홍건하게 푸르네

근육 없는 심장처럼

연관검색어

기억을 검색하자 머릿속 회로에는 노란 불이 작동한다 한 방향 같은 시각으로만 회귀하는 신경돌기들의 원뿔 나는 또 어긋나서 꼭짓점 위에 올라가 정지 버튼을 누른다 이 기계에는 초기화 기능이 없다 검색대 위에 누워 오작동 여부를 확인받고 싶은데 무엇이 두려운가 퍼렇게 활성화되고 있을 지점의 명칭이 서러운가 나는 검색되지 않고 강박만 길쭉한 흠집만 검색되는 화분 네가 기르는 식물은 자꾸만 익사한다 너무 넘치거나 축축하게 웅크리고 있는 시간이 길기 때문이다 늘 등이 결린 강박의 압통점을 따라가다 보면 완강한 청년을 만날 수 있을 것이다 음표의 제국에서 늙은 개에게 활을 휘두르고 있는 감별사 그의 등언저리에서도 상흔은 묻어나지만 우리가 주고받은 것은 혈연이었을까 통과하기에는 길이 늘 비좁았던 분재(盆栽)들의 정원, 나무도 상처를 건네줄 수 있다 슬픔을 반복 학습해 우등생이 된 기계 뾰족한 가문비나무 검색하지 마라 나는 어떻게든 걸러질 것이다 연관검색어로 남은 원형계단을 미끄러져 내려가 새우수염처럼 자맥질하고 또 자맥질할 것이다 익사할 것이다

흔적들

꽃들이 목을 조를 수도 있다는 것은
병을 얻고서야 안 일,
지상에서 가장 고운 날
꽃가루 같은 가루가 되어
암흑물질처럼 흩어지는 것이다

맨 처음에는 나도 착한 씨앗이었을 것인데
꽃잎들은 왜 등을 돌렸을까
일상의 알약들을 삼키며
스스로를 겨누는 열감(熱疳)을 다독거린다

꽃잎은 떨어져서 슬픈 것이 아니라
가루 같은 흔적을 남겨서 슬픈 것이다

우리는 모두 어쩔 수 없는 흔적들

내가 나도 모르는 나를 몰아가는 것처럼
꽃들이 어둠의 극지로 들숨과 날숨을

재갈 물리는 것처럼

저렇게 많은 화살들이
후두둑 숨통을 조이는 저녁

어쩔 수 없음에
목덜미가 화끈거린다

문(門)

한때는 마음에 여닫이문이 있다고 믿었었다
열릴 수 있어서 들어갈 수 있다고 믿었던
사방(四方)의 문
언제부턴가 열리지는 않고 닫히기만 하는
문이 들어앉게 되었던가

완강한 문이 소리를 내기 시작하면서부터
당신은 녹아내리고 있다 부융하다
최소한의 우정으로 당신을 지키고자 했던
틈도, 시간도, 흘러내린다

한때는 아름다웠었노라고
눌러 붙여놓았었던 시간까지
떼어내 버리며 나는 많이 앓는다

우리가 나눈 것은 정녕 물집뿐이었을까
퀭한 눈〔眼〕처럼
기억의 수포(水疱)가 터진다

아무 데도 없다

문은 스스로 닫는다

달의 왼쪽

바람은 북동풍
산세비에리아가 세 그루

코뿔소들이 계단을 만들려고
두꺼운 노래를 불렀다

홍채를 도려낸 주전자
버찌 향기
물떼새의 기억들

나는 조금씩 부풀어 올랐고

어깨 빠진 별들만
서걱거리던 시간이 있었다

제2부

물의 길

지상에서 가장 낮은 소리는 창자가 우는 소리다. 내가 저리 낮은 음(音)을 모종하는 꽃삽이라니! 머금은 게 없으면 소리가 여문다. 과거는 이렇게 가끔 세척을 해주는 것이 좋다. 다 벗고 소리굽쇠가 되는 것이 좋다. 잘 죽어야 한다. 어머니를 망가뜨리면 새들이 나는 법을 잊어버린다. 꽃불을 켜고 한 두어 뼘 길을 남겨 두어야 한다.

죽음이 나를 겁탈할 때까지 그르렁그르렁

닦지 않고 걸어둔 별처럼

물의 역사

1

페니실린은 나를 너무 오래 먹여 살렸다
죽은 피부가 떠다니는 물의 횡격막에서
나를 들어 올린 것은 어머니, 손
어, 쩌, 다,
머리 위로 날아오르던 나부(裸婦)들의 혓바닥
어머니의 가슴에 각질들을 게워내고
나는 아슴푸레한 물이 되었다
나를 빚어낸 것도, 부러뜨린 것도 물
물, 물, 신물의 역사

2

하늘이 승냥이처럼 찢겨 나가고
퉁퉁 불어터진 물밑에서
둥글게 몸을 말아 올리는
물의 등뼈,
물의 발원을 삼키는 달은 알았으리
내가 마시고 뱉는 물이

씨앗 한 톨 터뜨릴 수 없다는 것을!
죽어도 온전히 썩지 못하리
들쥐로 환생할 당신의 이빨 밑에서
범람하는 타액으로나 떠돌,
죄가 깊어 하늘로 돌아갈 수 없는 나는, 오줌

영혼 접골원

내 영혼의 흉추 9번쯤에 얼룩이 졌다.
아버지가 어머니에게 흘린 첫 번째 얼룩,
내 얼굴이 아직 남아 비 내리는 날이면
부채춤을 춰대고 있는 것이다.
진양조로 올라오는 빗소리에는
마른기침 해대는 영혼의 표정이 고여 있다.
나는 엘리베이터를 타고 내려가는 비,
당신은 사다리를 오르는 터벅터벅 비라서
연옥에서도 우리는 눈썹 포개지 못하리라.
우리를 섬기며 자란 버섯들만 측백나무 숲처럼 떠 있으리니.

당신을 업느라 구겨진 흉추 10번도 납땜하러
나는 이제 부디 영혼 접골원에나 가야겠다.
해마들이 끄는 배를 타면
전치 삼십 년을 하사받은 영혼에도
무당벌레 같은 햇살들이 몸 틔우려
입질을 시작하리라.

내 영혼의 전신을 뒤덮은 것은, 이를테면,
신발을 신지 않은 불가사리의 발바닥이나
알을 낳는 바다거북들의 엉덩이,
당신의 입 벌린 침묵 같은 것.

문드러진 살구처럼 빗방울에 으깨어지는
흉추 11번은 어느 치료사의 방으로
실어 보내야 할 것인가.

영혼에도 원적지가 있다면
나의 것은,
노을의 늘어난 인대 밑에 있겠으니

햇살에 바짝 마른 파도들이
싱싱한 탯줄을 캐 올리는 그곳,
측만증에 걸린 영혼을 잡아당기려면
나는 필시 바다의 아랫목에 닿아야겠는 것이다.

부레옥잠의 말

슬픔과 물은 한몸이다
빛깔이 없고 향기가 없고 맛이 없는 몸
휘몰아치면 하늘과 땅을 호령하는 것도,
오래 고여 있다 보면 시큼씁쓸해지는 것도,

입술이 부르튼 슬픔이 강둑에 앉아
잠시 목을 축인다
목이 마르다
닻도 키도 필요 없는 이 여행

얼굴을 알아볼 수 없는 부유물들에게
속내를 털어놓으며 흐르다 보면
밑창은 저 하늘 멀리 물고기자리까지 흔들어
보이지 않는 것끼리, 어두운 것끼리
마음 포개고 숨을 고르면
부르르 떠오르는 영혼의 떡잎들

영혼에게도 우산은 필요하다

불어나는 슬픔을 걸러낼 수 없어
멍울처럼 퍼져 터지는 꽃잎들의 계이름을 받아쓰다 보면
향기로운 불행의 뒤태가 만져질 것 같아
물은 오늘도 헝클어진 머리칼을 빗고 또 빗으며
백야(白夜) 같은 슬픔의 뿌리들에게 입을 맞춘다

환시(幻視)

볏단처럼 들판에 누워 있고 싶어
바짝 말라 씨앗으로 돌아가는 여행

하늘에 옅은 붓칠이 없었다면
새들은 어떻게 저 적막을 견디었으리.

슬픔은 왜 썩지 않는지
용서는 어느 나라의 패각(貝殼)으로 세운 탑인지
지나가는 바람도 귀띔해주지 않아서

별똥별이 다시 하늘로 올라갈 때까지
바람의 솔기를 돌보며
슬픔의 육수를 끓이고 있네.

황혼이 거처인 슬픔에게
재갈을 물려 들판을 내달리게 하고 싶네.

갈기가 눈부셔 아름다운 슬픔과 함께

잇꽃빛 환멸과 함께
벌판에서 보드랍게 나비잠을 자는 꿈

물의 눈

그의 눈동자를 추억하는 것은 물의 배냇짓을 들여다보는 기쁨이다. 산다는 것은 마음에 겹주름을 박음질하는 것. 파아란 사나이는 죽을 때까지 부끄러움의 실밥만 뜯어냈다. 없는 실밥까지 뜯어내던 그의 손톱은 물의 각막을 닮았다.

바람이 물의 시신경을 건드린다. 사나이가 지상에 두고 간 홍채(虹彩)는 하늘 중턱에서 정수리처럼 빛난다. 착한 동공은 식어가는 별의 체온도 놓치지 않는다. 파아란 기적을 데쳐 내는, 수정체.

물의 잠

물이 한낮에도 가끔 잠을 자는 것은 씨앗에게 보조개를 물려주기 위해서다. 고요의 훈김이 두꺼울수록 지상에는 볼우물이 촘촘해지는 법! 수달들이 문단속을 해주어야 물은 꿈을 꾸지 않는다. 우주 한복판에 늘어져 있던 끈을 붙잡아 코스모스가 이곳에 불시착한 것도 멸종해가는 웃음 때문이었는데.

고라니의 눈 밑이 어둡다.

슬픔은 염색체가 없어도.

물의 문(門)

존재는 제 경계를 발꿈치로 음각한다. 저 적요한 어둠을 두드리는 소리. 물의 어머니만이 한 근도 안 되는 존재의 파동을 그러모을 수 있다. 우리는 모두 어머니의 뿔고둥. 각시고둥. 가붓한 모래집을 얼마나 기어 다녀야 물이 빠질 날을 점찍을 수 있을 텐가. 우리가 기어간 흔적은 튼살처럼 마음에 머문다. 살갗 같은 모래펄을 두드리는 것이 관계의 시작이다.

느릿느릿, 어디선가 물이 빠진다.

섬

바다는 족보에도 없는 여덟 번째 발가락이 동상에 걸렸다네. 석회 벽 같은 눈발이 깊은 밤, 바다를 덮쳤는데 미처 이불을 덮지 못했던 여덟 번째 발가락에 그만 얼음 눈이 박혀버렸다네. 아이 간지러워. 바다는 발가락을 연신 긁었다네. 부어오르다 못해 발가락은 조금씩 퍼렇게 썩어 들어갔지. 하느님도 발가락을 치료할 수 없었네. 절단하지 않으면 바다의 피부엔 온통 저승꽃이 만발할 거야. 불가사리와 고둥들이 바다를 꼭 붙들어주었네. 마취도 하지 못한 채 바다는 죽은 살점들을 잘라냈지. 발라낸 살덩이를 바다는 무덤에 가둬놓고 싶지 않았어. 번성하고 번성하여라. 온힘을 다해 눈물을 쏟으며 입김을 불었지.

갈매기는 여덟 번째 발가락의 오랜 파수꾼이라네, 족보에도 없는

물의 표정

물에도 표정이 있다는 것을
임진강변을 따라가다가 본다.
저 강물도 물푸레나무 같은 햇살이 그리웠기에
햇살을 따라다니며 그니의 발바닥을 간지럽히는 것이다.
까르르르 햇살이 웃으니 강물도 따라 웃으며 반짝거린다.
빛이 나는 것들은 볼우물이 있다. 솜털이 있다.
배냇짓 같은 빛살들을 둘러업고
강물은 내처 바다의 울음주머니 쪽으로 간다.
그렁그렁 내력(來歷)도 절창(絶唱)도 그러모아
구름의 눈시울 쪽으로 간다. 허공의 정수리께로 간다.

바람이 물총새처럼 노을 진 하늘을 할퀼 때 나는 알았다.
노을이 나를 지상에서 가장 아늑한 저지대(低地帶)로 데려가리라는 것을.
맛도 냄새도 없는 빗줄기가 노을의 기억을 에워싸리라는 것을.

철책이 둘러쳐진 강둑 위로 끈끈한 침묵이 흘러내린다.
햇살이 필요했던 시간이 흘러내린다.

나는 강바닥에서 시간의 시신을 수습한다.

두루미의 다리처럼 사랑은 끝났다.
햇살의 더께를 떨어내며 나는 웃는다.

잘 마른 웃음이 거기서 출렁거리고 있었다.

소금 박물관

물이 제 할 말을 자꾸 삼키다 보면
저렇게 허연 뼈가 천지(天地)에 드러나는 것이다

삭아도 태(態)가 고와
민달팽이처럼 엎더져 있는 등뼈들이여

엉치뼈 밑으로 침(鍼)이 들어갈 때
전류가 흘러 근육들이 조바심칠 때
장검(長劍)이던 정신을, 몽상을
물은 아직도 기억한다

부르튼 영혼들은 간간하다

바람이 없어도
꺾인 허리 사이로 치골(恥骨)들은 쏟아져 내리고

입 밖에 낼 수 없는 식성(食性)들이 발라낸
물의 껍데기들만 석쇠에 눌어붙어

가수분해 되지 않을 시간을 견디고 있다

테러리스트

비(雨)도 휘발한다는 것을 아는가.
영혼의 동맥을 옥죄는 빗줄기들이
미모사처럼 미명(未明)에 깃든 꿈을 후벼댈 때가 있다면,
아직도 소인수분해 되지 않은 10만 자리의 침묵들이
메밀베개 밑에 웅크리고 있다면,

대꾸하지 않는 법을 배웠다.
으스름달의 눈길을 피하는 법
상종하지 않는 법
장대비는 내게 인대가 늘어난 반목(反目)을 물려주었다.

비여 풍각쟁이처럼 내 기억의 세 번째 서랍에서
으스러지게 역류하는 빗물이여

나는 너를 검거할 수 없다.
화해할 수 없다.

나의 얼굴 나의 심장

너를 안고 도화선에 불을 붙일 때까지

귀환

흘러내리던 비가
풋눈으로 몸을 바꾸면
나도 다시 태어나는 것 같다

머리카락 긴 새의 꽁지가 되기도 하고
첫 서리의 입술 같은 것도 되었다가
크리스마스 트리의 은종(銀鐘)으로 찰랑거리는,
귀환

어미가 된다는 것은 사치였다
지키지도 못할 새끼손가락만 자꾸 걸며
불쏘시개 같은 희망을 긁어 담아 보았지만

떠다미는 공기가 너무 무거워
눈은 바닥으로 모여든다
슬픔이 저렇게 인기척 없이 쌓일 수도 있다는 것을
어미가 되어보고서야 알았으니

지상에 깃든 슬픔들은 피붙이를 엉겨 안으며 자란다
진눈깨비처럼 슬픔도 또각또각 녹아내릴 수 있다면
어미들은 맨발로 겨울 강 물결 위에서 춤추리라

개와 늑대의 시간*

모니터 커서로 목덜미에 구멍을 내더니
내 몸에 아로새겨진 활자들을 빨아먹으며
영생(永生)을 얻은 반인반수(半人半獸),
오한 같은 꿈에서 끝도 없이 부활하는
그의 그림자를 어떻게 녹여버릴 수 있을까요
전원이 공급되면 재생하는 무의식을
어떻게 바수뜨릴 수 있을까요

내가 부어 만든 신기루 속에 억류되었어요
목소리였는지 눈빛이었는지 손끝이었는지
불쾌한 웅덩이에서 아직도 빠져나오지 못한 발목을 찾아요
그가 던진 불덩이들은 가슴팍에서 검붉은 노을로 번지고,
개와 늑대의 시간이 찾아올 때마다
나는 구멍 난 대동맥에서 긴 울음을 뽑아 올려요

슬픔의 신전에서 만나요 나는 너무 많이 말했어요
비밀의 북방한계선을 넘어버린 죄로 여우들이 당신을 데려
갔어요

이제는 거울에 비친 눈썹하고만 어울려요
가슴에는 꺼지지 않는 불을 얻었죠
새벽의 냉기에 터지는, 파란 잔기침들
들이마셔야 고요해지는 일상

멈춰버린 시간의 태엽을 이제야 감아요
하늘은 매일 한번 검푸른 피를 쏟아내고,

창백한 호흡으로 당신이라는 짐승을
후우 불어 날려요
신기루 같은 시간이 파르르 흘러내려요

---

*프랑스에서 저녁이 올 무렵의 푸르스름한 시간을 이렇게 부름.

빙산

이제 나의 자리는
당신의 기억에서조차 변방으로 밀려난
얼음절벽이라네
그러나 나는 당신의 배후, 선명한 환청,
다시 돌아올 수 없는 예배당이라네

착란의 시험에 나를 산 채로 빠뜨렸던
당신의 과오도,
천국을 내게 일러주었던
신의 거짓 입술도,
저 환각의 얼음 속에
아직 빳빳이 내장되어 있다네

희디흰 봄의 빨대여
놋쇠 고드름 같은 우리를
보드랍게 말아 올려주소서

제3부

사슴뿔버섯

하루 종일
이도 닦지 않고
머리도 감지 않고
웅크려 앉아 있는다

입맛은 언제부터 없었던가

가장 낮은 방석은
뿔방석,

꿰차고 앉아
슬픔을 그러모은다

무소속

하늘에 땅에 묶여 있지 않아

국적이 가벼워

시작과 끝도 없고

감정과 향기도 종적을 감춘

동그마니 무정형의 물질,

헛헛한 허기로 떠돌아

무채색으로 맴돌아

텅 빈 침묵을 흔드는 가지 끝에

간신히 아롱져 있어

살 수도 죽을 수도 없는

숨바꼭질

근육이완제를 줘

잘못 끼워진 단추처럼

해가 져

더 낡은 시계

나에게 노란 물감이 있었다면
생(生)이 좀 더 뭉툭해졌을까

시계는 지금 허름한
방파제 어귀에 멈춰 있다

끝 간 데 없는 파도의 귀퉁이에서
시간을 탕진했고

바닷바람을 희롱하다가
슬픔에게 혈관을 내어주고 말았다

저 어둑한 바다 밑에서
봉화(烽火)처럼
고통은 흘러내린다

부삽으로 파내려가다 보면
허옇게 벗겨지는

말〔言〕의 가시들

선인장 몇 개를
고작 길러낸 것이
삶이었다

뉘우치지 않고
고개 숙이지 않았던 것이
죄목이라 하면,

분질러진 시침(時針)을
인양하기 위하여
나는 아직 살아 있는 것이다

노안(老眼)

무어 더 볼 세상이 있겠느냐고
마음보다 눈이 먼저 침침해진다
마음은 아직 한자리인데
서둘러 눈자위를 내려버리는 역성
한 사람의 마음도 변변히 들여다보지 못했는데
이제는 눈앞에 놓인 굴비 가시 발라내기조차
힘겨워졌다 너무 빨리 찾아온 역설(逆說)에, 아뿔싸
생(生)의 먼눈마저 흐느적거리고
불쾌한 이물감(異物感)에는 인공눈물이나 적셔댈 수밖에 없다

이렇게 생(生)의 저쪽 자락으로 건너가며
내가 건드렸던 인연들의 솔기를 매만져본다
세계지리부도조차 제대로 펼쳐보지 못했는데
철컹 세계는 지퍼를 내린다
오로라도 백야(白夜)도 빙하도 내 것인 줄 자부했던 오만은
잘 접어 근거리용 안경집에나 넣어두어야 한다

풀지 못한 악연(惡緣)의 매듭도 가물거리는 시야에

내가 쓰는 글씨도 분간할 수 없는 초점으로
아직 많이 남은 지상의 시간을 기웃거려본다
뒤늦은 자책으로 시력은 복구되지 않고
마음에 배겨 있던 검은자위로
아슬한 기억의 각막만 건너고 있는 것이다

희와 시

희, 라고 발음하려는데 소리가 샌다
바람이 빠지면서 자꾸만 시, 가 되는 하루

너를 찾기 위해 오늘도 형형색색 펜을 산다
쓰다 보면 시, 가 희, 로 읽힐 시간을 그리며

기다려도 배가 고프지 않았다
울어도 눈물이 나지 않았다
이제는 조금만 스쳐도 물집이 터지는 시간들

입술 포진 같은 시간이 빠져나가자
새들은 형광펜처럼 지분거리고

서먹한 이정표 앞에서
어릿어릿한 너를 다시 불러내본다
눌러 써보고 갈겨 써봐도
입가에서 겉도는 이름

우람하게 목청을 울려보자
살갗도 없는 이름, 희망이여,
발이 빠진 허공이여

늙은 입덧

몸에서 허리가 사그라진다는 것은 별의 쪽문으로 들어가는 갓길을 알아차린다는 것이다. 늙은 후박나무가 새끼를 배기까지 바람은 몇 번이나 둥치에 고드름을 흘렸던가. 가래침과 떫은 침묵, 불쾌한 흉문이 고이고 고여 후박나무는 달의 기슭으로 붉게 솟았다.

바닥은 배아를 품고 있다. 후박나무에게 자손을 점지해준 것은 배반(背反)이었으니. 우리가 씨앗이었을 때 천둥은 하늘을 갉아먹고 있었으며 우리가 알이었을 때 우뭇가사리는 바위를 으깨어내고 있었다. 언젠가 우리가 별이 될 때도 꽃잎들은 나비의 가슴을 저며 낼 것이다.

저 뜨거운 멀미는 지금 상처를 길어올리느라 분주하다. 아린 흉터들이 어린 눈의 잎맥을 부풀어 오르게 하는 시간. 따뜻한 두통은 나무의 목둘레를 투명하게 깁고, 어둠이 파팍해질수록 새끼의 솜털은 중력을 들어 올린다. 영혼이 건강한 나무는 어미의 손목을 후비며 자라니. 뒤척이는 항해여, 새순의 유영(遊泳)에 늙은 개구리가 웃는다.

강철 엄마

세상의 모든 엄마들은 밤참으로 쇠붙이를 뜯어먹는다 그래야 단단해지기 때문이다 금속의 함량이 높아질수록 쇳소리도 핏대도 높아진다 허리가 아플 때는 알루미늄, 어깨가 아플 때는 구리, 손목이 아플 때는 양은을 씹어 먹으며 물을 삼킨다 걸을 때마다 찰랑찰랑 함석들은 반짝거리고 마이너스 통장 잔액도 후드득거린다 아침엔 밥은 못 먹어도 커피는 꼭 챙겨 마셔야 한다 원두 알이 없었다면 세상은 더더욱 검붉었을 것이다 손가락 끝마디 안쪽에 있던 무늬들은 다진마늘이 모두 가져가고 유일하게 쉬는 시간은 잠자는 시간이나 그마저 귀뚜라미에게 내준 채 형상기억합금이 되어가는 엄마 아플 수 있는 시간도 없고 눈물 흘릴 시간에도 쫓기는 여자 드라마가 자신을 구원해준다고 믿어버리는 세상을 몽땅 숫자로 번역해버리는 주술사 백일기도 악다구니 프라이팬 같은 엉덩이 닭발을 우려낸 물로 무릎 관절을 충전하며 이 땅의 엄마들은 거룩한 반도체가 되어간다

달님 안녕*

달님은 너의 수호성인
엄마가 가르쳐주지 않았는데도
달님을 혼자 찾아냈네?
거실 유리벽 너머 너무 환한 달님 안녕?
소리는 보이지 않아도 발그레 달님은 보여

동그스름한 달님이 좋아 동그라미가 좋아
너는 빙글빙글 동그라미만 그리는구나
청년이 되어도 동그라미를 그리려무나 사랑하려무나
둥그렇게 둥그렇게 서러움을 색칠하려무나

고통이 은총이라고 엄마한테 속삭여주련
날아가서 보름달을 떼어다 줄게
달을 품으면 나뭇잎이 바람에 서걱거리는 소리도
우레가 번득이는 소리도 다 들을 수 있을 거야

별님이 좋아서 엄마는 너를 별이라 불렀는데
별님은 너의 소리를 몽땅 가져가버렸네?

열심히 별님을 찾아가 돌려 달라 아우성쳐 보았는데
별님은 눈꺼풀만 깜박거려, 엄마를 꽁지별 쪽으로
날려 보내 엄마는 길을 잃고 너는 소리를 잃고
동그랗게 앉아 창문 너머 눈부신 목울대를 보네

한란(寒蘭)처럼 너는 하얗게 웃고
엄마는 하얀 물감으로 안 보이는 노래를 그려
달님 안녕, 토닥토닥 하얀 비눗방울 안녕,

---

*하야시 마키코가 쓰고 그린 그림책.

꽃들의 재활

구겨진 꽃잎들을 일으켜 세워야지
우우오오 너희들에게 다시 사는 법을 일러주는 건
여름 햇살의 나른한 하품

달팽이보다 더 천천히 기어갈 수도 있다고
일어나기만 하라고, 진딧물이 오물거려
황소개구리가 까놓은 알처럼 수북한 슬픔에서
너희들의 발목을 들어 올리라고
땅강아지들이 소리쳐, 오디새가 종종거리며
화해의 성물(聖物)을 물어다주지
두더지들을 불러다 주렴
슬픔을, 뿌리까지 갉아 먹어치우라고

멧새처럼 입술을 동그랗게 오므리고
소리를 터뜨려, 푸푸포포 침을 튀겨도 괜찮아
세상에서 가장 무거운 입술을 들썩일 때까지
앵무새의 울음소리도 번역해다 줄게

날아야 할 꽃잎이야 번져야 할 하늘이야
물관으로 소리들을 빨아올려!
금관악기들의 울대뼈야,
햇살의 간장 종지들아

날마다 생일

너는 날마다 생일
정어리 케이크에 청동 초를 꽂지
네 혈관은 어느 엄마가 낳았을까
그림자 없는 엄마는 초대장을 구겨버리지

엄마가 되고 싶어서 너를 낳았어

눈토끼랑 가면올빼미랑
뜨거운 눈이 내리던 날

엄마는 언제까지 나를 사랑할 거야?

축하한다고 축하한다고 축문(祝文)을 외우지
너는 날마다 생일

목련공작소

목련이 집을 짓는다

서까래는 어스름이 물어다주고
들창은 별똥별이 달아주는,

여염집

나는 그 집 고방에서
봉창처럼 늙어가고,

문고리를 놓친 말〔言〕들은
굴뚝에서 기숙(寄宿)하다가
저 달 밖으로 흩어지리라

봄은 동자승처럼 건너오고,

다 지나간 환부를
아교(阿膠)처럼 읽는 햇살들

물의 꽃

너를 꺾으려고 달음질쳐 가는 길은
꿈에서 꿈으로 휘어진 길
빛의 고샅길

빛방울들은 일곱 가지 암술을 매달고
소나기의 여문 속살에 얼굴을 묻는다

내가 할 수 있는 건
이때다! 태양을 지긋이 엎질러버리는 것,
소나기의 식어가는 뒤꿈치에
하늘 언저리를 슬쩍 시침질해놓는 것,

간다 그리고 간다
빛이 슬어놓은 알을 서리하러
한 번도 만진 적 없는 희망의 흰자위를 밟으러 간다

희망이라는 산란(産卵),
물의 발화(發火)를 채집하러

오후 다섯 시로 간다
보라색 쪽으로 간다

발효의 역사

씨앗의 시작은 신맛이다
나는 저수지 같은 양수(羊水)를 건너 파란 별에 당도한 것이다
민들레에게 딸꾹질을 처음 배웠고
얼굴을 찡그리는 법은 동남풍이 일러주었다
슬픔이 긴 꼬리를 지니고 있다는 것과
환멸이 그리움으로 쉬이 몸 바꿀 수 없음은
붉은왜가리가 건네준 잠언이었다

기다려본 식초들은 안다
얼룩과 독소를 견디는 지상의 옥새가 자신의 손톱 밑에 있음을,
발효는 꿈의 본명(本名)이라는 것을,

구름의 장광설을 기다리다가
나는 시큼해졌다
다 내어주어도
돌아오지 않는 약속을 기다리다가
나는 시큼해졌다
착한 눈동자의 온도를 간직하려다가

찌르레기의 육성을 채집하려다가
나는 너무 시큼해져 버렸다

신의 아들이 골고다 언덕에서
마지막으로 찾던 음료처럼
지상의 시큼한 물 한 사발,
홀씨처럼 불을 달고 떠오른다

자박자박 자궁 속으로
돌아가는 꼬리별들

새큼한 슬픔이
저 여름 밤하늘을 먹여 살린다

사랑의 문법

새벽 세 시쯤 태양이 뜬다고 해도 믿어라
스쳐도 머뭇거리지 않으며
틈 없이 말해도 기다려주고
등대지기처럼 서 있으라

배낭에 무엇이 들어 있는지는
궁금해 하지 마라 수평선 너머에
새싹이 트고 바다 밑에 꽃이 피어도
모른 체하라 새들을 기르지는 마라

꼬리 잘린 도마뱀이
꿈의 언저리를 맴돌 때

흔들어주는 사람

(이불을) 덮어주는 사람

개미들의 기나긴 행진을 이해하면

어른이 될 수 있을까

혼자 일어나는 자의 아침은
등이 따갑다

파랑주의보처럼
사랑이 기운다

냉동 인간

발톱 밑까지 파먹고, 남은 뼈와 살은 백야(白夜) 어느 언저리에 묻어 놓은 사람들이, 둘러 앉아 뜨거운 포도주를 마신다. 음해(陰害)로 저며진 너는 카나페*처럼 남극으로 팔려나가 순록의 성기마냥 암매장되어 있다. 누가 너를 찾아낼 수 있을까. 저 부패한 얼음의 유형지에 묶여 끝끝내 만년설의 저주에서 놓여나지 못하는 피. 차가운 피는 너를 발라낸 자들의 입술에 몰린다. 순백의 촛농을 떨어뜨려, 추문(醜聞)의 눈꺼풀에 순백의 촛농을 들이부어. 알 수 없는 시간 동안 너는 하얀 피의 루머. 잘 훈제된 얼음 인간.

바다물범들이 코를 벌름거린다.

냄새도 없는 진실이 허공에 꽂혀 있다.

---

*카나페: 빵이나 크래커 위에 치즈, 앤쵸비 등의 여러 가지 재료를 올려서 한입에 먹을 수 있게 만든 요리.

해설

슬픔의 소리를 보고 듣고 만지다

오태호(문학평론가)

1. '라멘타빌레(슬픈 듯이)'에서 '깊은 슬픔'으로

노미영의 시는 슬프다. 그 슬픔에는 3대의 애환이 누적되어 있다. 그 누적되고 중층적인 슬픔의 메타포 중에서도 '지금 여기'를 장악하고 있는 것은 '아이의 청각 상실'이다. '청각의 상실'은 아이로부터 역류되어 현재 삶의 슬픔을 규정하고 과거의 슬픔까지도 호명한다. 그 슬픔의 진원지에서는 아비로부터의 원초적 억압이 존재한다. 개인사적으로 부녀지간 사이에 형성된 슬픔의 뿌리는 시인의 자의식이라는 줄기를 거쳐 아이라는 연약한 가지로 이어진다. 그러므로 개인사적 슬픔은 3대로 이어져온 슬픔의 집적이다.

시인 노미영은 1995년 등단 이후 7년 만에 첫 시집 『일년 만에 쓴 시』(2002)를 상재한 바 있다. 다시 13년 만에 두 번째 시집이 빛을 본다. 등단 20년에 두 권의 시집이라니 요즘 시집 발간 풍토에 어울리지 않는 과작(寡作)의 시인이다. 그 양적인 적음은 질적인 수준을 제고하는 시간의 단련을 보여준다. 그녀는 첫 시집의 「시인의 말」에서 "떠듬떠듬 흘리던 말들"을 '종이 새장'에 담아낸다. 그때 서늘한 감각 속에서 자신이 써왔던 시만큼 삶을 "살아내야 한다"라는 당위가 강조된다. 그리하여 자신을 들볶으면서 "시와 삶 사이"의 "균열을 막"기 위해 "말의 장력"이 시인의 "발꿈치를 붙들" 때면 "사랑의 방언"을 쏟아내고 싶다고 다짐한 바 있다. 그러므로 두 번째 시집에서 주목해야 하는 것은 시인이 서늘한 감각으로 시와 삶의 균열적 부조화를 극복하고, 말의 장력과 인력의 활용 속에 어떻게 사랑의 방언을 변주하고 있는지였을지도 모른다.

첫 시집에서 시인은 "대박을 꿈꾸는 시에 퍼붓는 신랄한 야유"(최영철)를 다소 장황하게 정제되지 않은 날것의 감각으로 펼쳐놓았다. 이를테면 표제작인 「일년 만에 쓴 시」는 사회생활 1년 만에 시를 쓰면서 체감한 일상인의 생활 감각과 시인의 자의식 사이의 괴리감을 고백한다. 그리하여 시가 "글자와 글자 사이에 끼여 있는/기름기 같은 불륜을 닦아내"거나 "사람과 사람 사이 불륜을/떨어"내는 작업임을 기록한다. 결국 시인은 『슬픔이여 안녕』이라는 프랑수아즈 사강의 성장소설 제목처럼 한

국식 성장통 버전으로 "불륜이여, 안녕/기름기여, 안녕"이라고 자신의 염결의식을 고백한다. 시인은 사람 관계에서 발생되는 장애물적 상황을 '불륜과 기름기'로 요약하고, 그것을 '시'로서 넘어서고자 시도했던 것이다.

첫 시집의 기본 정조는 "라멘타빌레(슬픈 듯이)"에 있었다. '슬픔' 자체가 아니라 '슬픈 듯' 자신의 20대를 들여다보았던 것이 핵심이다. 즉 "바삭바삭해진 슬픔"과 "버석버석한 슬픔" 속에서 "마음의 조산대"(「이십 대」)에 오른 일상적 슬픔의 추상성이 그 핵심을 장악하고 있었다. 그리하여 "말들에게 가벼운 신발을 신겨" "슬픈 시는 이제 그만"(「신나는 시」) 쓰고자 한다. 그러나 공교롭게도 두 번째 시집에 이르러 더욱 치열하고 절실하게 '새로운 슬픔'을 노래하게 된다.

두 번째 시집의 핵심적 정조는 「시인의 말」에서 드러나듯 '슬픔'이다. 시인에게 시는 '헐벗음'과 '바닥의 아뜩함' 속에서 찾아온다. 가장 낮고 누추한 곳에서 샘물이 고여 오듯 시가 도래하는 것이다. 그리고 그때 자신에게 다가온 "어두운 것들"을 채집하여 기록한 내용이 이번 시집이다. 하지만 이제 이 시집에서 풀어낸 "어두운 것들"의 기운이 다른 "어두운 것들"에게로 건너가 시인의 폐쇄적 고립감을 뚫고 교감 어린 '위안'이 되기를 시인은 고대한다. 그러므로 시인이 진정으로 고대하는 '위안'은 '슬픔의 슬픔' 속으로 침잠해 들어가 다른 슬픔들을 향한 입과 귀가 되어 다시 공명하는 것이다. 이제 그 슬픔과 물과 침묵과 아이의 통증에서 길어낸 구체적 무늬를 만날 때다.

2. 다면체적 슬픔

『슬픔은 귀가 없다』의 핵심 정조는 '슬픔'이다. 온통 '슬픔'으로 채워진 이 시집은 '슬픔의 뿌리'를 탐문한다. 이때 시인의 슬픔은 "네 번째 슬픔"이다. 왜냐하면 "꿈 너머의 나에게나 털어놓을 수 있는 슬픔"(「네 번째 슬픔」)이기 때문이다. 그렇다면 첫 번째부터 세 번째까지의 슬픔은 무엇인가? 그것은 아마도 아비로부터의 슬픔, 남편으로부터의 슬픔, 아이로부터의 슬픔일 것이다. "좀처럼 수납되지 않는" 시인의 '네 번째 슬픔'은 "혈관종 같은 악몽"으로 새벽을 엄습해온다. 시인은 영혼이 있는 '35년 이상 된 핑크 토끼 인형'에게 197일쯤 "주말마다 찾아왔던 두통" 이야기와 "더 이상 링거 바늘을 꽂을 데가 없는 아이의 왼쪽 팔뚝" 이야기를 전한다. 타인에게 발설할 수 없는 통증이기에 자신의 인형에게만 이야기할 수밖에 없는 것이다. 특히 이때 자신의 슬픔들이 "각설탕처럼 뾰족했다"면서 위악적인 제스처로 자신이 "거들먹거린다"라고 고백한다. 하지만 사실은 거들먹거리는 게 아니다. 아픈 독백을 위악조의 '거들먹거림'으로 변주함으로써 시인은 자신의 슬픔을 감내해내고 있는 것이다. 시인에게는 '신경증, 강박증'이 내면화되어 있고, '시간과 햇살'이 갈

급했던 시인은 자신을 "망가뜨린 아비를 용서할 수" 없음에도 불구하고, 용서를 위해 "묵주 알을 굴"린다. 이렇듯 시인의 슬픔의 기저에는 "나를 왜 낳았느냐"는 존재론적 질문이 자리한다. 존재의 기원을 향한 저 질문은 남편과 아이를 거쳐 '다섯 번째 슬픔'으로 서수(序數)화 되어 시인의 자녀에게도 유사하게 가닿을지도 모른다. 이렇듯 존재의 기원에 대한 질문은 지금 여기에서의 존재의 의미에 대한 질문이기에 뜨거울 수밖에 없으며, 그러므로 "열대야 같은 슬픔"이 된다.

서수화 된 네 번째 슬픔을 앓고 있는 시인은 "커피로밖에 위로받지 못"한다. 그리하여 "에스프레소 머신 바닥에 들러붙어 있는 슬픔"(「레시피」)을 응시하며 "달달한 슬픔"을 상상한다. 이때 시인은 생이 제공하는 '희로애락의 간극' 속에서 바닐라 시럽을 넣어 말개진 슬픔을 만나고 싶어 한다. 하지만 '인생의 슬픔'은 '시럽'으로 말개지거나 달달해지지 않는다. 시인에게 슬픔은 '에스프레소 머신'이라는 기계의 힘을 빌려야 겨우 조제된다. 기계에서 '슬픔'을 추출한 이후 "데워진 우유의 훈김"은 빠져나가지만, "서러움에게 틈"을 내준 뒤 "우유는 정제된 슬픔과 한몸이 된다." 이때 한몸이 된 '정제(整齊)된 슬픔+우유'는 "희로애락의 보잘것없는 간극"을 떠올리게 한다. 그리하여 시인의 슬픔은 "에스프레소 머신 바닥에 들러붙어 있는" 따개비 같은 '슬픔'이 된다. 희로애락을 매개하면서도 가슴속 깊이 커피 앙금처럼 남아 있는 잉여적 감정이 시인의 슬픔인 것이다.

시인에게 '슬픔'은 "다면체"(「처럼」)적 속성을 지니고 있다. 그리하여 "널브러지는 블록 조각들"이나 "솟구치는 맨홀 뚜껑"이나 '수시로 늘어나는 인대'처럼 "완강한 불행"으로 인식된다. '불행이 존함'이 된 시인은 "슬픔이라는 그늘" 아래에 그늘막을 쳐보기도 하지만, 비릿하게 "접다 만 색종이처럼/시계탑에 갇혀" 지낸다. 불행이라는 이름을 가진 시인은 '슬픔'에 깊이 침윤(浸潤)되어 있는 것이다.

표제작인 「슬픔은 귀가 없다」는 '슬픔'이라는 감각의 실체를 보여준다.

> 슬픔은 귀가 없다
> 귀가 없어 울음은 짧지만 다짜고짜 들이덤벼
> 주위엔 아무도 얼씬하지 않는다
> 이 고독은 징징거리는 아우성이다 아가의 발버둥이다
> 후려치면 손가락 마디에 피멍이 들고
> 아침에 일어나면 손가락 관절이 뻣뻣하다
> 만성 염증이라 항생제에서 빠져나올 수 없고
> 여름엔 가려워서 긁다가 딱지가 앉는다
>
> 없는 귀를 만들어 달아도 고독은 완강하다
> 번역이 안 되는 문장들이 발뒤꿈치를 잡는다
> 깃털 같은 청세포들이 귓바퀴로 돌아나가서
> 슬픔은 오늘도 귀를 잡고 토끼뜀을 뛴다

낼 수 있는 소리는 콧소리뿐이라
사물은 콧김으로 익히고 단맛으로 고독을 달랜다
자신을 몰라주면 슬픔은 장난감 트럭을 집어던지고
마룻바닥이 패일 때마다 엉덩이를 한 대 맞은 다음
캐러멜을 하나 얻어먹고 나서야 잠깐 조용해진다
귀가 없으니 자꾸 이빨만 썩는다
그 고독을 달래려면 사탕수수 줄기밖에 길이 없다
도넛 같은 고독에 갇혀 그는 파란 색연필로 동그라미만
자꾸 그린다

슬픔은 그렇게 완벽한 구球다
햇살이 통과하지 않는 입체를 굴리며 그는 해시시 웃는다
가장 좋아하는 놀이는 공놀이,
혼자서도 신나게 가지고 놀 수 있기 때문이다
그래도 웃음만은 어째 길어 햇살, 햇살, 낭랑하게 웃는다

귀가 하나뿐인 짐승은 없어
슬픔은 늘 두 배로 흘러넘치고
식구들이 둘러앉는 식탁에는
미역 줄기 시금치 잎사귀 늘어붙어
나머지 귀가 자라기를 하얗게 염원하고 있다

—「슬픔은 귀가 없다」 전문

시인에 의하면 "슬픔은 귀가 없다".(「슬픔은 귀가 없다」) '귀가 없는 슬픔'은 세상의 소리를 들을 수가 없다. 그러므로 귀가 없고 들을 수 없는 존재에게 말을 건네거나 붙이려고 가까이 가려는 사람은 거의 없을 것이다. 자연스레 "주위엔 아무도 얼씬"대지 않을 수밖에 없다. 하지만 '슬픔의 고독'은 "징징거리는 아우성"이자 "아가의 발버둥"에 해당한다. 타인과 세상을 향해 소통하고자 하는 몸짓의 일종이기 때문이다. 이때 '고독'은 불행처럼 '완강'하고, '슬픔'이 "낼 수 있는 소리는 콧소리뿐"이다. 슬픔은 '콧김'의 감각으로 사물을 감지하고 '단맛의 미각'으로 '고독'을 다스린다. "도넛 같은 고독에 갇혀" "완벽한 구(球)"가 된 슬픔은 "혼자서도 신나게" 공놀이를 즐기며, "햇살, 햇살, 낭랑하게 웃"는다. 하지만 두 귀가 없는 '슬픔'은 "늘 두 배로 흘러넘치"며 "나머지 귀가 자라기를 하얗게 염원"해 보지만, 응답이 없다. 집 안을 가득 채우고 있는 것은 '귀가 없는 아이'로 인해 발생된 슬픔의 정조뿐인 것이다.

시인의 일상 역시 온통 '슬픔'이 장악하고 있다. 비 오는 풍경을 보면서도 "스타카토로 튀어오르"는 슬픔을 보며, "민트색 슬픔이 찰랑거리는 아침"(「빗방울 행진곡」)을 맞이하고, "타악기로 시작된 슬픔" 속에서 시인의 "질척거리는 생(生)은 영 닦이지 않"는다. 악다구니 같은 마지막 악장까지 배수구가 없는 '빗방울 행진곡'을 시인은 보고 듣고 있는 것이다. 하지만 시인은 빗소리가 "들리지 않아서" "빗소리를 만"질 수밖에 없는 아이의 엄마다. 청각의 부재로 촉각이 예민해진 아이는 시인의 '슬픔의 수원(水源)' 인 셈이다. 그러므로 "슬픔이 뭉텅이로 옷장에서 쏟아져 내"리지만, 시인에게 "슬픔은 무중력상태"(「비이」)로 체감된다. 시인은 새벽에 빗소리가 자신을 구원해주길 바라지만, 그것이 가능하지 않음을 알고 있다. 그래서 "고막이 찢겨 나가는 슬픔"의 소리를 듣고, 빗소리를 들으며 "소독용 에탄올처럼 슬픔이 표백되"기를 고대한다. 하지만 요령부득일 뿐이다.

시인은 "슬픔을 반복 학습해 우등생이 된 기계"(「연관검색어」)처럼 "강박의 압통점"을 지닌 존재다. "황혼이 거처"인 시인의 슬픔은 "썩지 않"(「환시(幻視)」)으며, "슬픔의 육수를 끓이"면 "아름다운 슬픔"이 "잇꽃빛 환멸과 함께" 빚어진다. 하지만 슬픔은 생명체가 아니기에 "염색체가 없"(「물의 잠」)다. 그럼에도 불구하고 시인은 슬픔에게 "생물 세포의 핵 속에 있는 DNA를 주성분으로 하는 자기증식성의 소체(小體)"인 염색체를 기대한다. 모든 존재태는 생장소멸의 과정을 순환하기 때문에 슬픔 역시도 그 순환 속에서 사라지기를 바라는 것이다. 염색체가 없는 슬픔에 염색체가 형성되기를 바라는 시인은 "바닷바람을 희롱하다가"도 "슬픔에게 혈관을 내"(「더 낡은 시계」)준다. 시인의 혈관을 차지한 슬픔이 혈액순환의 윤활유로 기능하여 생을 이어갈 수 있는 동력으로 자리하기를 바라는 것이다.

시인의 슬픔은 이렇듯 네 번째 온 슬픔이며 다면체로 구성되어 있다. 그리하여 다기다양한 존재태로 변이되는 슬픔은 시인의 일상을 장악한 채 범람하고 있다. 그 속에서 시인은 아이의 엄마로서 슬픔이 제공하는 세상의 소리에 귀를 기울이면서 간간이 겨우겨우 버텨낸다. 그래야 가족의 삶이 이어질 수 있기 때문이다. 엄마는 슬픔의 범람 속에서도 생을 견뎌야 하는 인고의 존재인 것이다.

3. 젖어 있는 슬픔

'다면체성'을 소유한 노미영 시인의 슬픔은 젖어 있다. 슬픔이라는 물기에 촉촉이 적셔진 시인은 물기를 제거하고 싶지만 그것이 그리 간단히 해소될 일이 아니다. 슬픔의 생은 축축한 습기를 항상적으로 내장하고 있기 때문이다. 시인은 "물려줄 수 있는 게 슬픔밖에 없어서" "매일 슬픔을 꺼내 뒤란에 말린다."(「물의 가족」) 하지만 햇살 앞에서 슬픔은 "텁수룩해지기만 하"고, 아이들은 "눈물을 끼니 삼아" 자랄 뿐이다. 슬픔을 건조하려는 어미와 눈물로 끼니를 잇는 아이들의 눈물겨운 일상은 이 가정의 습도가 항상적으로 높아 있음을 보여준다. 그때 시인은 "남매의 덧난 영혼을 기우며" "마음의 서까래를 여미"는 어미이다. 어미로서의 시인에게 "지상에서 가장 낮은 소리는 창자가 우는 소리다."(「물의 길」) 그 창자로부터의 울음소리가 과거를 세척하기 위해 슬픔의 심연에서 끓고 있기 때문이다. 아비로부터 내상을 입은 시인은 "어머니의 가슴에 각질들을 게워 내"면서 "아슴푸레한 물"이 되고, 그 물들이 모여 "신물의 역사"(「물의 역사」)를 구성한다. 시인은 신물로 물기에 젖은 자신의 역사를 견뎌온 것이다.

'물의 역사'를 내장한 시인에게 "슬픔과 물은 한몸이다".(「부레옥잠의 말」) 「레시피」에서 우유와 한몸이었던 슬픔은 이제 '물' 과 한몸이 된다. 슬픔은 수분을 내장한 시인의 기억과 시간의 다면체로서 시인의 내부와 외면을 넘나들며 다양한 존재태로 자신의 몸을 변화한다. 하지만 물이 된 '슬픔의 몸'은 '빛깔과 향기와 맛'이 부재하다.

> 슬픔과 물은 한몸이다
> 빛깔이 없고 향기가 없고 맛이 없는 몸
> 휘몰아치면 하늘과 땅을 호령하는 것도,
> 오래 고여 있다 보면 시큼씁쓸해지는 것도,
>
> 입술이 부르튼 슬픔이 강둑에 앉아
> 잠시 목을 축인다
> 목이 마르다
> 닻도 키도 필요 없는 이 여행
>
> 얼굴을 알아볼 수 없는 부유물들에게
> 속내를 털어놓으며 흐르다 보면

밑창은 저 하늘 멀리 물고기자리까지 흔들어
보이지 않는 것끼리, 어두운 것끼리
마음 포개고 숨을 고르면
부르르 떠오르는 영혼의 떡잎들

영혼에게도 우산은 필요하다
불어나는 슬픔을 걸러낼 수 없어
멍울처럼 퍼져 터지는 꽃잎들의 게이름을 받아쓰다 보면
향기로운 불행의 뒤태가 만져질 것 같아
물은 오늘도 헝클어진 머리칼을 빗고 또 빗으며
백야(白夜) 같은 슬픔의 뿌리들에게 입을 맞춘다

—「부레옥잠의 말」 전문

물과 한몸이 되어 "입술이 부르튼 슬픔"은 강둑에 앉아 목을 축이지만 항상 "목이 마르다". "얼굴을 알아볼 수 없는 부유물들" 사이로 흐르는 '슬픔의 여정'은 "보이지 않는 것"과 "어두운 것"들의 마음을 포개어 "영혼의 떡잎들"을 수면 위로 떠오르게 한다. 이때 "불어나는 슬픔" 속에서 시인은 "향기로운 불행의 뒤태"를 만지고, 물은 "슬픔의 뿌리들에게 입을 맞추"(「부레옥잠의 말」)며 한몸이 된다.

물에 젖은 슬픔을 내장한 시인이 보기에 "물에도 표정이 있다".(「물의 표정」) 물의 표정은 추상적 시간과 함께 시인의 개인사적 시간을 함께 비춰준다. 그러므로 시인은 임진강물을 따라

가며 웃음을 회복한다. "저 강물도 물푸레나무 같은 햇살이 그리웠기" 때문에 "햇살을 따라다니며 그니의 발바닥을 간지럽히는 것"으로 느껴지는 것이다. 햇살과 함께할 때 강물은 "웃으며 반짝거리"면서 "내처 바다의 울음주머니 쪽으로" 흘러든다. "강바닥에서 시간의 시신을 수습한" 시인은 "햇살의 더께를 떨어내며" "잘 마른 웃음"을 웃는다. 이때의 웃음은 울음의 반대편에 존재하는 웃음이 아니다. 이 웃음 역시 '슬픔'을 내장하고 있기 때문에 다시 '슬픔'이라는 수분으로 젖어들 "잘 마른 웃음"일 수밖에 없다. 말림과 젖어듦 사이에서 시인은 이렇게 간간이 혹은 자주 '말려진 웃음'을 웃어야 한다. 그래야 슬픔을 내장한 채 강물과 햇살을 따라 흘러갈 수 있는 동력을 확보할 수 있기 때문이다.

시인은 "물의 껍데기들"(「소금 박물관」)이 말라붙어 간간해진 "부르튼 영혼들"을 염전에서 만난다. 시인에게 염전은 "물이 제 할 말을 자꾸 삼키다"가 "허연 뼈가 천지(天地)에 드러나는" 공간으로 인식된다. 시인 역시 그렇게 자신의 내면에 똬리를 튼 채 부르터 있는 상처투성이의 영혼들을 말리면, '스님들의 사리'처럼 영롱한 '슬픔의 뼈'를 드러낼 수 있을지 모르기 때문이다. 시인은 "비도 휘발한다는 것을 아는"(「테러리스트」) 존재다. 하지만 빗줄기들은 "영혼의 동맥을 옥죄는" 위험한 존재들이어서 결코 "화해할 수 없다." 빗속에서 시인의 슬픔은 빗줄기의 공습으로 인해 테러를 당한다. 예기치 못한 빗줄기의 테러로 희생

양이 된 시인은 비와 화해하지 못한 채 비를 매개로 슬픔을 호명할 수밖에 없는 것이다.

시인은 "꿈에서 꿈으로 휘어진" "빛의 고샅길"을 걸으며 "소나기의 식어가는 뒤꿈치에 하늘 언저리를 슬쩍 시침질"하고자 한다. 왜냐하면 그것만이 "희망이라는 산란(產卵)" 속에서 "물의 발화(發火)를 채집"(「물의 꽃」)하여 슬픔 속에서도 삶의 희망을 견인하는 방식이기 때문이다. 시인은 물이 불처럼 발화하여 증발되는 '물과 불의 역동적 만남' 을 응시하면서 "빛이 슬어놓은 알을 서리하러/한 번도 반진 적 없는 희망의 흰자위를 밟으러 가"기 위해 이번 시집을 발간한 것이다. 소나기와 햇빛이 만나 만들어낸 '물의 발화(發火)'가 시인의 '발화(發話)'로 시화(詩化)되어 새로운 슬픔의 존재태로 '발화(發花)'되면서 지극한 슬픔을 견뎌낼 내공을 제공하는 것이다.

4. 침묵의 소리

청각 혹은 청각 상실에 대해 예민한 감수성을 내장한 시인은 침묵의 세계를 의미화하는 데에 심혈을 기울인다. 그리하여 시인은 침묵으로 세계를 응시한다. 이때 시인에게 침묵은 '소리' 이자 '무늬'이다. 아니 '소리의 결여태'로서의 '무늬'이자, '무늬의 결여태'로서의 '소리'이다. 시인에게 '침묵'은 "사람이 사람을 할퀼 때 나는 소리"(「무늬」)에 해당하기 때문이다. 침묵에는 상처를 내포한 소리의 결이 숨겨 있는 것이다.

> 사람이 사람을 할퀼 때 나는 소리는 침묵이다. 침묵에도 결이 있으니. 사방연속 문양 침묵은 말의 입자까지 살라내는 모래주머니. 약속도 떨림도 산화시키는 침묵의 온도를 아는가. 침묵의 비등점에서 내가 만난 것은 달디단 환멸. 사랑은 가끔 발음을 해주어야 생별이 된다. 빗꽃살 침묵으로는 싯푸른 강물을 건널 수 없었는가. 내가 꿈꾸던 식물은 귀울음처럼 모래톱에 없다.
>
> 지상에서 가장 뜨거운 음악은 침묵이다. 당신의 음표를 시창(視唱)하지 못했던 근육들은 전류가 스며들어야 말랑해졌으니. 인동당초문 침묵을 만들자. 잇꽃으로 물을 들이자. 가붓한 하늘에 당신의 불경(不敬)한 노래도 내걸면, 매미가 날개를 비비댈 시간은 오는가. 침묵의 배꼽은 어느 소행성과 맞닿아 있나. 나는 그 별의 이름을 묻고 싶다.
>
> —「무늬」 전문

시인에게 '침묵'은 "사람이 사람을 할퀴"는 소리로 인식된다. 하지만 그 소리는 묵음으로 들려오므로 침묵으로 받아들여지고, 침묵은 "말의 입자"를 살라낼 정도로 강력한 결을 지니고 있다. "약속도 떨림도 산화시키는 침묵의 온도"를 아는 시인은 "침묵의 비등점에서" "달디단 환멸"을 만난다. 약속과 떨림을 증발시켜버리는 '시인의 침묵'은 상처와 환멸 사이를 길항하는 것이다. 침묵을 '사람의 할퀴는 소리'로 인식하던 시인은 2연에서는 "지상에서 가장 뜨거운 음악"으로 침묵을 인식한다. 하지만 '부를 수 없는 음표'와 '불경할 수밖에 없는 노래'를 소유한 당신이라는 침묵은 '사랑스런 샛별'처럼 "어느 소행성"을 호출하게 한다. 시인에게는 "침묵의 배꼽"이 맞닿아 있는 익명의 소행성이 궁금한 것이다. 거기에는 소리가 사랑으로 빛나면서 샛별로 자리할지도 모르기 때문이다.

시인에게 '침묵'은 실상 "영혼을 납땜"(「뼈인두를 달구다」)하기 위해 필요한 도구다. "고요 앞에서" 시인은 "슬픔의 뚜껑을 열"고 "피떡을 제거"한 뒤 "쭈글쭈글해진 영혼을 인두로 다려야 한다". 자신의 영혼이 "주름이 패이"고, "금이 간" 상처를 내장하고 있기 때문이다. 흉터로 얼룩진 시인의 영혼은 "햇살을 경배"하고자 하지만, "숨이 죽은 영혼"은 '경배의 용기'를 소유하지 못하고 있다. 상처받은 슬픔의 무게가 영혼을 잠식하고 있기 때문이다.

시인은 "실어증에 걸려 나부"(「사시나무 숲」)끼는 이파리들처럼 사시나무가 "난만(爛漫)한 침묵" 속에 "바람의 지문(指紋)을 빌려" 전하려는 언어를 듣고자 한다. 하지만 "저 선명한 침묵의 배경에 기대"어 만나는 장면은 "울컥하고 부활하는 악몽들"에 불과하다. 그러므로 시인은 '홍건하게 푸른 나무의 세계'에서

"근육 없는 심장"의 소유자가 된다. 고요한 숲에서 바람이 전하는 침묵의 언어가 소리 없는 악몽을 환기하고 있는 것이다. 하지만 침묵이 항상 공포와 두려움을 제공하는 것은 아니다. 즉 침묵의 공간에서 악몽을 만났음에도 불구하고 시인에게 임진강에서 철책 위로 흘러내릴 때 만난 "끈끈한 침묵"은 "시간의 시신을 수습"하면서 시인으로 하여금 "잘 마른 웃음"(「물의 표정」)의 표정을 짓게도 만든다. 침묵은 외부를 응시하며 내면에서 우러나는 소리의 무늬가 되어 시인의 영혼을 사유하는 도구적 형식인 셈이다.

5. 강철 엄마의 바람

귀가 없는 슬픔과 영혼을 침식하는 침묵에 길들여진 시인은 어미다. 그리고 슬픔에 대한 모든 발화(=發火+發花+發話)의 기점은 아이다. 그러므로 시인은 이제 와서 "어미가 된다는 것은 사치였다"(「귀환」)라고 고백한다. 어미 되기가 사치라는 고백은 어미라는 존재의 고난과 시련을 압축적으로 보여준다. 어미로서 "불쏘시개 같은 희망"에 기대보기도 하지만, 눈이 모여드는 바닥에는 기대와는 달리 "슬픔이 저렇게 인기척 없이 쌓"여만 간다. 어미가 된 이후 시인은 폭설 같은 슬픔의 누적을 확인하는 것이다. 시인에게 "지상에 깃든 슬픔들은 피붙이를 엉겨 안으며 자라"는 것으로 인식된다. 가족이 슬픔을 함께 부둥켜 안고 극복의 노력을 게을리 하지 않아야 하기 때문이다. 그러므로 슬픔이 진눈깨비처럼 녹아내리기만 한다면 "어미들은 맨발로 겨울 강 물결 위에서 춤"출 수도 있다. 그만큼 슬픔이 집적되지 않고 자연스레 녹아내려 사라지기를 어미로서의 시인은 간절히 기구하고 있는 것이다.

시인은 자연물(별, 눈사람, 달무리, 물안개, 물 종류)이 가져가버린 "내 아이"(「수소문」)의 '달팽이관, 머리카락, 대뇌동맥, 망막시세포, 청각 유모세포, 새끼손가락 마디, 척수, 치아, 측두엽'을 찾는다. 하지만 그것은 결코 찾아지지 않는다. 이미 부실하거나 상실된 기관들이기 때문이다. 빗소리를 들으면서 시인은 "소리에서 향기가 났으면 좋겠다"(「비이」)라고 생각한다. 왜냐하면 빗소리를 들을 수가 없어 "빗소리를 만지"는 아이로 인해 "슬픔이 뭉텅이로" 쏟아져 내리기 때문이다. 하지만 '무중력상태의 슬픔'에 둘러싸여 "더 이상 가닿을 데가 없는 이 새벽에"라도 아이가 "비이, 라고 말해"준다면, "옥수숫대처럼 웃"을 수 있는 존재가 바로 엄마다.

시인의 아이들은 "온기가 남아 있는 희망"을 만지고 싶어 "첫새벽을 동동거리"며, 어미를 향해 "무조건 내가 죽는 날까지 살아 있어야"(「물의 가족」) 한다고 호소하는 존재로 그려진다. 하지만 시인의 영혼은 "얼룩이 져"(「영혼 접골원」) 있으며, "측만증에 걸"려 있어 "영혼의 흉추"를 제대로 맞추기 위해서는 '영혼

접골원'에 가야 할 정도로 심신이 허약해져 있다. 더구나 시인은 스스로를 "국적이 가벼워"(「무소속」) "무정형의 물질"이 되어, "헛헛한 허기"로 세상을 떠돌아다니는 '무채색의 존재'로 규정한다. 슬픔 속에서 심신이 피폐해진 채로 영혼을 접골해야 할 만큼 허기로운 무채색의 존재가 바로 '어미 시인'인 것이다.

그러나 그럼에도 불구하고 시인이 볼 때 "세상의 모든 엄마들은 밤참으로 쇠붙이를 뜯어먹"(「강철 엄마」)을 정도로 단단한 존재들이다. 그래야 비로소 가족을 건사할 수 있기 때문이다.

> 세상의 모든 엄마들은 밤참으로 쇠붙이를 뜯어먹는다 그래야 단단해지기 때문이다 금속의 함량이 높아질수록 쇳소리도 핏대도 높아진다 허리가 아플 때는 알루미늄, 어깨가 아플 때는 구리, 손목이 아플 때는 양은을 씹어 먹으며 물을 삼킨다 걸을 때마다 찰랑찰랑 함석들은 반짝거리고 마이너스 통장 잔액도 후드득거린다 아침엔 밥은 못 먹어도 커피는 꼭 챙겨 마셔야 한다 원두 알이 없었다면 세상은 더더욱 검붉었을 것이다 손가락 끝마디 안쪽에 있던 무늬들은 다진 마늘이 모두 가져가고 유일하게 쉬는 시간은 잠자는 시간이나 그마저 귀뚜라미에게 내준 채 형상기억합금이 되어가는 엄마 아플 수 있는 시간도 없고 눈물 흘릴 시간에도 쫓기는 여자 드라마가 자신을 구원해준다고 믿어버리는 세상을 몽땅 숫자로 번역해버리는 주술사 백일기도 악다구니 프라이팬 같은 엉덩이 닭발을 우려낸 물로 무릎 관절을 충전하며

이 땅의 엄마들은 거룩한 반도체가 되어간다

—「강철 엄마」 전문

"밤참으로 쇠붙이를 뜯어먹는" 엄마들은 단단하다. 엄마들은 쇳소리를 내면서 핏대를 높이지만, '알루미늄이나 구리, 양은' 등의 함석을 "씹어 먹으며" 살아간다. 허리, 어깨, 손목의 통증 속에서도 생을 견뎌내고 있는 존재들인 것이다. "유일하게 쉬는 시간은 잠자는 시간"이지만, "형상기억합금이 되어가는 엄마"들은 '아플 시간'이나 "눈물 흘릴 시간"도 부족한 채로 자신의 몸을 낡아가게 만들면서 그렇게 살아간다. 그러다가 결국 "거룩한 반도체"로 변이된다. 반도체가 "전기가 잘 통하는 도체와 통하지 않는 부도체(절연체)의 중간적인 성질을 나타내는 물질"이라는 점에서 '엄마 반도체'란 가족을 위해 자신의 몸을 헌신적으로 사용하는 전도체이면서도 자신을 위해서는 부도체처럼 절연하며 살아가는 존재를 이름 하는 것이다.

처음에 시인에게 '희망'이란 단어는 "살갗도 없는 이름"이자 "발이 빠진 허공"(「희와 시」)으로 파악된다. 단어의 내포가 비어 있었던 것이다. 그럼에도 불구하고 시인은 시를 쓰면서 '희망'을 고대한다. 희망의 '희'자는 "소리가 새"어 "바람이 빠지면서 자꾸만 시, 가 되는 하루"에서 만날 수 있기 때문이다. '희망과 시'에 대한 바람은 시인이 '늙은 후박나무'의 '늙은 입덧'을 상상하면서, "영혼이 건강한 나무는 어미의 손목을 후비며 자라"

(「늙은 입덧」)난다는 사실을 깨닫는 부분으로 이어진다. '늙은 후박나무'를 통해 아이들이 어미의 통증과 슬픔을 숙주로 성장하는 존재임을 깨달은 것이다. 그러므로 이제 시인은 슬퍼도 슬픔에만 젖어 허덕일 수 없다. 샘터에 물이 고이듯 슬픔이 차올라도 그것이 자신을 통해 자라나는 '아이들 영혼의 건강성과 성장통'의 증표임을 체감하고 있기 때문이다.

6. 귀가 밝은 슬픔

노미영의 시는 귀가 밝다. 아이의 청각 상실이 역설적이게도 감각의 소중함을 일깨웠기 때문이다. 시인의 청각은 시각과 함께 고통스럽게 깨어 있다. 그리하여 볼 수 있으나 들을 수 없는 자식의 고통을 향해, 말할 수 없는 고통을 말해야 하는 슬픔을 토로한다. 하지만 그 감각의 통증을 날것으로 말할 수 없는 시인은 침묵의 세계를 응시하며 '슬픔의 발화자(發話者)' 가 된다. 그리하여 자신의 시를 통해 내면 깊숙이 침잠되어 있던 아픔들을 슬프게 토로함으로써 '슬픔의 슬픔'을 치유하고자 한다. 시인의 시는 어떻게 말이 되어 귀가 없는 슬픔에 가닿으려 하는가? 이것이 이번 시집의 핵심이다. 귀가 없는 슬픔의 현장에서 눈과 귀와 입의 역할을 하는 주술사가 바로 '어미 시인' 노미영이기 때문이다.

밤의 희망적 상징인 별과 달은 시인과 아이에게 양가성의 표상이 된다. 시인에게 '달님'은 아이의 "수호성인"(「달님 안녕」)이었다. 하지만 "고통이 은총"이라고 아이가 속삭여준다면 시인은 "보름달을 떼어다 줄" 정도로 제 역할을 담당하지 못한다. 게다가 "별님이 좋아서" 아이를 '별'이라 불렀지만, '별님'은 아이의 "소리를 몽땅 가져가버"렸다. 그리하여 "엄마는 길을 잃고" 아이는 "소리를 잃"은 채, "한란(寒蘭)처럼" 하얗게 웃는다. 그런 아이를 보며 시인은 "하얀 물감으로 안 보이는 노래를 그려"준다. 아이의 청각 상실이 아름다운 자연물의 표상인 별과 달에 대한 기대 상실과 함께 어미의 인생행로를 표백하고 어미와 아이를 슬픔의 미로 속으로 밀어 넣은 것이다. 하지만 그럼에도 불구하고 결국 시인은 "희망이라는 산란" 속에서 "물의 발화를 채집"(「물의 꽃」)하기 위해 두 번째 시집을 발간한다. 이제 어둠 속 두더지들을 호명하면서 "슬픔을, 뿌리까지 갉아 먹어치우라"(「꽃들의 재활」)고 말할 정도로 슬픔을 극복하기 위해 노력하는 어미 시인인 것이다.

노미영 시인은 슬픔의 시인이다. 하지만 눈과 귀가 밝아, 슬픔의 늪에 함몰되지 않으며 타인의 어두운 슬픔을 잘 읽어내는 촉수를 지니고 있다. 그것은 아비로부터 아이에 이르는 3대의 구성이 선사한 예민한 감수성 때문이다. 슬픈 듯 시와 생 사이를 건너던 첫 시집에서의 노미영은 사라지고 없다. 이제 슬픔 속에서 슬픔을 끌어안고 슬픔을 응시하며 슬픔을 체화하는 슬픔의 시인이 되어 '슬픔의 슬픔'을 견뎌내는 '반도체 엄마'가 존재한다. '반도체 엄마'는 '귀가 없는 슬픔'을 응시하며 자신의 촉수를 벼리고 별러 슬픔의 슬픔을 변주한다. 이제 우리가 애틋하고 여리지만 따뜻하게 울려퍼지는 그 슬픔의 진정성을 마주하며 함께 공명할 차례다.

이 도서의 국립중앙도서관 출판시도서목록(CIP)은 서지정보유통지원시스템 홈페이지(http://seoji.nl.go.kr)와 국가자료공동목록시스템(http://www.nl.go.kr/kolisnet)에서 이용하실 수 있습니다.(CIP제어번호: CIP2015033242)

시인동네 시인선 047

슬픔은 귀가 없다

초판 1쇄 인쇄 2016년 1월 11일
초판 1쇄 발행 2016년 1월 18일
지은이 노미영
펴낸이 고영
책임편집 이현호
디자인 헤이존
펴낸곳 문학의전당
출판등록 제311-2012-000043호
주소 서울시 은평구 연서로11길 7-5 401호
편집실 서울시 마포구 마포대로 127, 413호(공덕동, 풍림VIP빌딩)
전화 02-852-1977
팩스 02-852-1978
블로그 http://blog.naver.com/mhjd2003
전자우편 sbpoem@naver.com

ISBN 979-11-5896-017-9 03810